Henri Baudrillart

Du Radicalisme
en matière
d'impôt

Essai

ISBN : 978-1983644474

10 9 8 7 6 5 4 3 2 1

Henri Baudrillart

Du Radicalisme en matière d'impôt

Essai

Table de Matières

Section I

La transformation radicale de l'impôt est un des objets les plus immédiats que poursuit le parti ultra-démocratique. Partout où il s'agite, et où ne s'agite-t-il pas en Europe ? il donne place à cette question à côté des questions de travail, de crédit, d'association. On se propose d'en faire non-seulement un but, mais un moyen, peu d'instruments étant plus propres que l'impôt à battre efficacement en brèche le vieil édifice des inégalités sociales. Le socialisme ne fait pas mystère de cette stratégie ; il ne cache pas la manière dont il espère conduire ce siège en règle de la société en prenant l'impôt pour base d'opérations. Tel est le plan que développait tout récemment un orateur dans une réunion tenue à Moscou. Il est vrai qu'un organe révolutionnaire, comme il en existe même en Russie, protestait contre les lenteurs et l'hypocrisie de ces moyens détournés ; l'honnête journal demandait que la réforme s'opérât d'une façon non pas oblique, mais *perpendiculaire*, c'est-à-dire sans doute d'emblée et sans préliminaires. Il s'en faut que tous aient cette décision et cette franchise. Ajoutons qu'il s'en faut que les partisans de cette transformation complète du système des impôts se rattachent tous également au socialisme radical ; on compte parmi eux un certain nombre d'économistes et de publicistes qui ont à cœur de s'en séparer. Sous une forme ou sous une autre, il est facile de reconnaître partout ici la présence de l'esprit novateur. La question de l'impôt se pose de tous côtés. Il est peu de nations qui ne s'occupent de la révision de leur système de taxes. L'Italie et l'Espagne en sont là. La Russie est en train d'aviser à la réforme des impôts établis ; la question est entre les mains des assemblées provinciales, qui, ces jours derniers, se prononçaient (la chose mérite d'être signalée) pour l'impôt sur le revenu. Il s'agit en effet avant tout dans ce pays de soulager la population rurale de l'écrasant fardeau qui pèse sur elle sous la forme de la capitation, de redevances payées à l'état et aux propriétaires, et d'autres taxes que le paysan supporte de concert avec les propriétaires fonciers, pour faire les frais des institutions administratives et judiciaires introduites depuis l'émancipation du servage. Nul doute que ce ne soit une occasion de se manifester pour les systèmes les plus radicaux, qui n'ont rien à voir d'ailleurs dans l'idée, dictée par la plus simple justice comme par l'intérêt fiscal, d'imposer les nombreuses catégories de revenus jusqu'ici exemptées ou ménagées indûment. Ceux qui ont suivi de près ou de loin, depuis une quinzaine d'années, les divers congrès économiques tenus à Bruxelles, à Gand, à Amsterdam, à Berne, à Genève, et surtout à Lausanne, où l'impôt a été l'objet d'un débat très passionné, auront été frappés de l'intérêt de vogue qui se porte vers cette question spéciale. Économistes, philanthropes, rêveurs, démocrates, révolutionnaires, semblaient s'y être donné rendez-vous. On y élaborait des projets de loi un peu fictifs, il est vrai, accompagnés toutefois des commentaires les plus instructifs pour ceux qui cherchent à se rendre compte des dispositions des partis et des inclinations des âmes, du courant des passions publiques autant que de la valeur des théories. Dans ces plans discutés avec ardeur et quelquefois soumis aux votes de ces assemblées ambulantes, on rencontre, mieux peut-être encore que dans les ouvrages qui disent les mêmes choses avec plus de préméditation et de maturité au moins dans la forme, des symptômes qu'il n'est pas permis de négliger.

Que le mouvement radical tende à entrer de plus en plus dans la phase de l'application, tout l'atteste aujourd'hui, et, ce qui n'est pas moins grave, tout démontre que ce mouvement se développera avec l'ardeur que met la démocratie à ce qu'elle entreprend. Qui n'a lu récemment le rapport publié par la minorité radicale du conseil municipal de Paris sur la situation industrielle de la capitale ? Un paragraphe y est consacré à l'impôt. Nul système, il est vrai, n'est spécifié ; mais deux observations m'y ont frappé : c'est d'abord la condamnation de toute extension des taxes existantes ; c'est ensuite la nécessité de recourir à de nouveaux impôts, et cela non-seulement pour solder l'arriéré, mais pour subvenir à tous les établissements qu'on désire fonder en vue de l'intérêt intellectuel, moral et matériel des classes populaires. Il y a peu de témérité à pressentir quelles seraient ces taxes, quand on sait dans quel cercle tournent ces projets de réforme. Ce que s'est permis en ce genre de fantaisies financières le conseil municipal de Lyon a sa valeur comme avertissement ; mais il en est un qui, pour venir de plus loin, je veux dire des États-Unis, ne paraîtra pas dépourvu de fores et d'à-propos. New-York a le bonheur de posséder un conseil municipal démagogique, élu grâce à l'abstention politique des classes supérieures. Une fois les maîtres, qu'ont fait les ultra-démocrates ? Ils n'ont eu rien de plus pressé que d'élever l'impôt sur le capital. Ils l'ont appliqué, sans préjudice des autres taxes, jusqu'à 3 3/4 pour 100 aux dépenses municipales, à ce point que telle maison se trouve imposée à New-York dix fois plus qu'elle ne le serait à Paris. Encore un coup, sommes-nous à l'abri de semblables aventures ? Qui nous en garantit ? Est-ce par hasard notre assiduité aux élections ? Serait-ce la certitude que la majorité ne se laissera jamais entraîner à de pareils courants ? Songeons-y bien ; une fois qu'on aurait réussi a faire prévaloir telle solution agréable aux masses, fût-elle peu équitable et même plus désavantageuse qu'utile en fin de compte, il serait fort difficile de revenir sur ses pas.

Il y aurait lieu, avant d'entrer dans un examen plus spécial, de s'interroger sur la valeur du radicalisme comme méthode. C'est bien une méthode en effet. Un des chefs du radicalisme de ce temps-ci, débordé à l'avance par son propre parti, M. Gambetta, adressait, il y a peu de temps, une lettre à un conseiller-général, et dans sa personne il engage tous les conseils-généraux de France à rechercher dans toutes les questions administratives ou économiques de leur ressort les *solutions les plus radicales et les plus démocratiques*. Ainsi voilà la démocratie radicale devenue le critérium et comme l'équivalent de la vérité en toute matière sociale ! Ce n'est pas à la démocratie de se conformer à la science, c'est à la science de se faire démocratique et radicale ! Et si la nature même des choses répugne au radicalisme ? Comment ne pas voir que nous avons affaire ici à un dogme se plaçant, comme la république, au-dessus même de la discussion, et dont il n'y a plus qu'à tirer les conséquences ? L'intolérance avec laquelle les dissidents sont traités plus en hérétiques et en impies qu'en simples adversaires devrait seule nous en avertir.

Ni la science ni la société modernes ne s'accommodent de cette unité abusive, de cette simplicité extrême, de cette logique à outrance. Tout s'est compliqué en réalité. Comment vouloir réduire à l'unité absolue cette multiplicité qu'on trouve dans les faits accumulés par l'observation, cette diversité de points de vue qui va parfois jusqu'à la contradiction ? La méthode radicale devrait perdre du terrain loin d'en gagner. Si différents, si opposés parfois même que semblent être entre eux les faits, ils résistent au nom du droit qu'ils ont à exister, c'est-à-dire qu'ils ne veulent ni peuvent se laisser supprimer. Comment se comporte le radicalisme ? Étant donnés les deux termes de tout problème social, la tradition et le mouvement, la religion et la philosophie, l'autorité et la liberté, la propriété et le travail, qui tous ont leurs titres à faire valoir, il est rare qu'il procède autrement que par l'abolition sommaire de l'un de ces deux termes ou par sa subordination excessive au joug tyrannique du terme rival. Je dis que ce sont là les procédés permanents de la méthode qu'on peut appeler la méthode radicale. Tel a été le radicalisme, tel il est, car à ses autres caractères il faut joindre son obstination incorrigible à récuser les démentis les plus accablants que la réalité lui inflige, à les expliquer par des circonstances purement accidentelles. Saurait-on rien trouver de plus contraire au large esprit des méthodes scientifiques modernes ? Même dans les théories purement philosophiques, il s'en faut que la simplicité soit toujours un signe de vérité. Dans les matières sociales, il me semble que ce devrait être une présomption d'erreur. Presque toujours cet idéal en avant n'est en réalité qu'une vue rétrograde. Les sociétés très jeunes, comme les sciences naissantes, admettent plus facilement l'unité, par cette raison qu'elles-mêmes sont peu développées. L'ordre dans nos sociétés avancées ne saurait plus être qu'une variété savante.

Il serait bon, spécialement à propos de l'impôt, de se demander si la matière serait de celles qui se prêtent mieux à l'idée simple et aux procédés du radicalisme. Les premières observations qui se présentent semblent faire augurer le contraire. Les changements à vue ici sont peu à leur place ; partout et toujours la nouveauté y est jugée déplaisante. Elle change ce qu'il y a de plus susceptible et de plus irritable au monde, les habitudes ; elle déplace les situations. Est-ce une raison pour n'y avoir jamais recours ? Non, assurément ; mais c'en est une pour tout esprit sensé de ne s'y décider qu'en vue d'une amélioration réelle et considérable. Que sera-ce s'il est question de faire table rase et de tout établir sur de nouvelles bases ? Il est même à remarquer que le temps a ici des effets particuliers ; il allège souvent les maux qu'ailleurs il aggrave, tant les intérêts se montrent habiles, dès qu'ils le peuvent, à ne pas rester accablés sous un fardeau trop pesant ! On sait que l'impôt foncier finit, s'il n'est point trop lourd, par n'être plus à la charge des propriétaires ; il figure en déduction dans le prix de vente comme tous les autres frais qui grèvent la propriété. Enfin la variété des valeurs sur lesquelles on assoit la taxe dite unique ne réduit-elle pas souvent cette unité à n'être qu'une étiquette trompeuse sous laquelle réapparaissent les diversités qu'on a cru détruire ? On doit avoir sérieusement égard à ces *incidences*, à ces *répercussions*, qui trompent le législateur, et qui vont frapper sur la classe qu'il voulait soulager en passant par-dessus la tête de celle qu'il se proposait d'atteindre.

Et pourtant, aussi loin que l'on remonte dans notre histoire, on n'a vu nulle part éclore plus de plans radicaux, de panacées chimériques. Qu'on ne pense pas que cette disposition date de la révolution ; elle n'a fait que l'accroître, comme tous les instincts réformateurs. L'ancien régime parle assez souvent des hommes à projet. Rêver sur les combinaisons de crédit et d'impôt est une disposition naturelle à certains esprits. La finance a ses *poètes*, et ce qui traduit le même mot sous une forme moins noble et plus positive, ses *faiseurs*. La réalité ne les gêne pas, ils la repétrissent à leur gré, ils la jettent dans un moule nouveau. Honnêtes rêveurs, que n'a-t-on affaire aujourd'hui à eux seuls !

Ce qu'atteste l'étude du passé, j'en demande pardon à ceux qui prennent l'esprit de système pour une marque de génie, c'est que, si l'on met à part quelques règles de stricte équité et de pur bon sens, toute théorie trop absolue en matière d'impôt n'a été qu'une idée fausse. On est allé d'excès en excès ; l'approbation absolue de l'impôt a eu ses adeptes comme la critique radicale. Il existe même aujourd'hui de ces défenseurs intraitables de l'impôt qui s'imaginent qu'il est toujours un bien, parce qu'après avoir fait vivre les fonctionnaires l'argent circule de nouveau et fait aller le travail et le commerce. On pourrait l'accorder, s'il n'avait fallu commencer par prendre cet argent à ceux qui l'auraient fait fructifier. Que si en outre cette main qui l'a pris ne sait que dissiper, qu'en diront nos optimistes ? On parle de la pluie bienfaisante qui se reverse en profits, en salaires. Des impôts abusifs et mal dépensés, au lieu de cette bienheureuse pluie, ne produiront-ils pas une horrible sécheresse et toute sorte d'autres fléaux ? Après les optimistes sont venus les pessimistes et les satiriques. Que penser de la théorie de l'*impôt-spoliation*, introduite par J.-B. Say lui-même ? N'était-ce pas un excès opposé à un autre, et qui, entre les mains de théoriciens moins honnêtes, pourrait avoir des conséquences non moins fâcheuses ? A une théorie trop commode aux gouvernements n'était-ce pas en substituer une autre en opposition avec leurs plus légitimes besoins, et servant de pendant à la doctrine fausse qui voit dans le gouvernement lui-même un ulcère ? Les correctifs que le célèbre économiste a donnés à cette théorie l'ont-ils empêchée de faire école ? Combien d'autres ont répété comme un point de doctrine que tout impôt est une somme dérobée au public et, selon l'expression du maître, une *valeur perdue*, comme si le prix de la sécurité ne devait pas être payé à l'état, comme s'il y avait même une dépense plus utile pour ces capitalistes et ces producteurs, comme si enfin tous les services publics et tous les travaux que le gouvernement accomplit étaient nécessairement et même habituellement improductifs ! N'est-ce pas là une de ces conceptions *radicales* qu'il faut, en raison du juste respect attaché à certains noms, ne pas craindre de signaler ? Tant de gens en France, même en dehors de toute considération théorique, inclinent à se montrer radicaux de cette manière-là ! Ils ont si peu l'air de se douter que l'impôt est une dette ; ils sont si disposés à n'y voir qu'une soustraction arbitraire ! Les souvenirs de tant d'impôts établis sans justice, extorqués avec violence, y sont assurément pour quelque chose ; n'entre-t-il pas aussi dans leur répugnance instinctive le blâme qu'à tort ou à raison nos habitudes d'opposition jettent sur l'emploi que le gouvernement fait des fonds qui lui sont confiés ? Il y a de tout cela sans doute dans le sentiment qui les domine, mais pour combien on y trouve aussi l'ignorance ou l'irréflexion qui voit ce que l'état prend, non ce qu'il rend ! Il faut laisser là ces radicaux d'instinct qui volontiers aboliraient l'impôt et n'en demanderaient pas moins une bonne police, une bonne administration, une bonne armée, tout ce qu'un gouvernement peut donner, et même qui lui demanderaient encore par-dessus le marché la bienfaisance, l'instruction, le travail, et peut-être encore, qui sait ? la gloire et les conquêtes.

Comme première forme et comme dernière forme aussi de l'idée radicale en matière de taxes, on rencontre l'impôt unique. On peut dire à la lettre que la science a suivi ici une marche identique à celle que suivent les sociétés dans leur développement. Chez les peuples à peine formés, dans l'état rudimentaire où est leur industrie, leur commerce, il n'est pas rare que règne l'impôt unique, la dîme en nature, sous forme de bétail ou de produits agricoles. Dans la fausse idée que la terre seule est productive de valeur, les physiocrates, Turgot comme Quesnay, n'ont reconnu, eux aussi, qu'un impôt vraiment légitime, l'impôt territorial. Où sont allés ces systèmes, qui eurent leur jour d'éclat et d'influence ? L'impôt unique sur la rente foncière compte encore un certain nombre de partisans. Comme ils ont l'air d'en vouloir à la propriété, on leur fait parfois l'honneur de les écouter ; mais l'attention se lasse vite des subtilités d'une thèse qui reste obscure aux yeux de la foule. D'autres ont voulu l'impôt non pas seulement unique, mais uniforme, absolument égal, identiquement le même pour tous les citoyens, la protection de l'état étant, dit-on, la même pour tous. Cette thèse a été réfutée par Mirabeau dans un de ses discours ; M. Thiers, dans son livre sur *la Propriété*, l'a également prise à partie. Ils ont répondu qu'il est faux que la dette de chaque citoyen soit égale ; l'état ne protège pas pour tous la même quantité de biens, et tous n'ont pas une part égale aux jouissances et aux avantages garantis par l'action du gouvernement. En pratique, comment appliquer un tel système ? Un impôt égal ne pourrait être que très minime à cause de la multitude des pauvres et des gens peu aisés. A ce système, qui en définitive ne profiterait qu'aux riches, l'état perdrait tout, faute d'y puiser des ressources suffisantes pour pourvoir à sa tâche. Il faudrait, pour échapper à cet inconvénient, faire peser sur les plus aisés la totalité de la charge ; mais alors que deviendrait le système de l'impôt uniforme ?

C'est dans des systèmes plus vivants et plus populaires qu'il faut chercher aujourd'hui l'expression des théories radicales en matière d'impôt. Si elles ne résistent pas aux objections de principe que je viens d'indiquer, du moins méritent-elles d'être examinées avec soin. Elles ont séduit des esprits distingués par ce qu'elles offrent de spécieux ; elles plaisent à la masse par ce qu'il y aurait, à ce qu'elle pense, de palpable dans les résultats. Je me propose uniquement de m'occuper de ces systèmes qui ont quelque chance de se faire écouter par la démocratie française. Il y a telle théorie, tenant à la manière d'établir l'impôt, qui est ici absolument hors de concours, par exemple l'idée, qui a fait quelque bruit, de l'*impôt-assurance* ; elle mutile l'objet de l'impôt, en le réduisant à n'être qu'une prime de sécurité. L'impôt est tenu de satisfaire à d'autres besoins. Comment assimiler l'état, qui est un monopole et un monopole qui s'impose, à une compagnie d'assurances soumise aux conditions de la concurrence ? Jusqu'à ce qu'on ait découvert le moyen de faire coexister dans un pays sans anarchie deux ou trois gouvernements rivaux auxquels on puisse s'adresser à tour de rôle, l'impôt restera ce que son nom même indique, une charge obligatoire et non volontaire. Les systèmes que je considère comme pouvant avoir quelques chances, non de réussir, mais d'être essayés, se réduisent à quatre principaux. L'un s'applique au principe même de la répartition, c'est le système progressif, si séduisant pour un peuple égalitaire par jalousie plus que par justice. Les trois autres se rapportent à la manière dont l'impôt est assis : l'un consiste dans la suppression des impôts indirects au profit des taxes directes ; les deux autres, qui ne sont qu'une formule rendue plus précise de cette dernière théorie, se définissent par l'impôt unique mis par les uns sur le revenu, par les autres sur le capital. A Dieu ne plaise que j'entende épuiser ces sujets ! Je ne veux examiner que les points de vue rajeunis par une discussion récente, que les arguments qui ont à quelques égards renouvelé le débat. Comme le parti ultra-démocratique semble s'en être emparé, c'est plus particulièrement à lui que je m'adresserai. Qui donc penserait, à cette heure de l'esprit humain, à cette heure de la société française, à s'enfermer, à s'isoler dans la spéculation ? N'est-ce pas de ce sentiment trop incomplet des réalités que vient en partie notre mal ? Ceux qui ont fait le roman de l'économie sociale supportent difficilement ce mélange de bien et de mal que la réalité présente ; quand leurs idées ont une part de vérité, quand leurs critiques paraissent fondées, ils font aisément secte. Ce qui est à craindre ici, c'est moins l'erreur que les vérités partielles et incomplètes. C'est à l'aide de celles-ci qu'on entraîne les masses, qui s'y attachent avec d'autant plus de ferveur que ces théories flattent certains désirs, certains appétits secrets, avec d'autant plus d'obstination qu'elles sont plus étroites. Une plus grande largeur de point de vue qui tient compte d'éléments divers n'a pas les mêmes attraits ; elle paraît au vulgaire aussi bien qu'aux fanatiques incliner au scepticisme. Il n'en est pas moins certain que le salut des sociétés est dans cette voie, qui n'exclut pas les principes ; elle ne s'oppose qu'à ce qui les exagère ou les dénature et les fausse.

Section II

Le système de l'impôt progressif a subi dans ces derniers temps des modifications et fait effort pour s'éclaircir et se compléter. On a cherché à l'appuyer sur des arguments plus spécieux, sur une critique plus approfondie du principe de la proportionnalité ; on s'est essayé à le rendre plus applicable. Les nouveaux défenseurs de l'impôt progressif reprochent à l'impôt proportionnel d'être en fait mal appliqué, et en droit insuffisant, même injuste. Les avantages inégaux que retirent les populations ou les individus payant une somme égale tantôt des voies de communication, ou d'autres travaux d'utilité ou de luxe, tantôt des services publics comme la justice, à laquelle ont moins recours les localités qui présentent peu de délits et les gens qui n'ont pas de procès, tant d'autres circonstances, telles que l'inégalité de valeur de la monnaie dans les diverses régions, tout cela a été allégué contre le principe de proportionnalité, convaincu de n'avoir rien de rigoureusement mathématique. C'est une condamnation qui serait sans appel, si les choses morales et économiques admettaient l'exacte perfection, mais dont il n'est pas impossible que la proportionnalité se relève : premièrement, si le mal peut être atténué par les intelligents efforts des législateurs, — deuxièmement, si on n'a pas un principe supérieur à mettre à la place.

C'est cette supériorité devant la justice qu'invoquent les nouveaux partisans du système progressif. Tout le monde sait à quoi ils tendent. Ils veulent que, celui qui a dix payant un à l'impôt, celui qui a cent paye non pas seulement dix fois, mais onze, douze, treize fois plus ou même davantage, élevant la progression à mesure que les fortunes augmentent. Or comment essaient-ils d'établir cette nouvelle justice (car il s'agit en ce moment de justice stricte, et non d'humanité, non de sacrifices faits spontanément ou librement consentis) ? Ils prétendent d'abord que l'impôt proportionnel atteint *progressivement* la misère. On aurait fort à faire pour le démontrer en dehors de quelques exemples. Ne pourrait-on même soutenir que l'impôt proportionnel frappe progressivement la richesse, en ce sens qu'une richesse décuple coûte rarement à l'état dix fois plus de frais ? Les frais de garde d'une propriété de 100 hectares sont certainement inférieurs à ce qu'ils sont pour cent propriétés de 4 hectare. Il ne serait donc pas impossible de rétorquer l'argument ; . mais, quand il arriverait qu'en certains cas les petits revenus fussent progressivement frappés, quelle raison pour introduire une règle arbitraire ! Il est absurde, pour corriger une injustice involontaire, de vouloir en faire pénétrer une toute gratuite dans le système des impôts. Comment être sûr qu'on ne dépassera pas le but ? Comment se flatter d'équilibrer avec la moindre exactitude les prétendues atteintes que l'impôt proportionnel porterait au pauvre par les atteintes trop réelles dirigées contre le riche ? Je défie qu'une règle quelconque préside à cette opération « de compensation, » selon le mot par lequel un des orateurs de Lausanne prétendait définir l'impôt progressif, appelé par un autre un a admirable instrument de précision. » Singulière précision en vérité ! C'est cela même qui manque, et rien autant que cela. C'est pis ou ce peut être pis que la peine du talion. Il y a heureusement d'autres moyens usités, moins dangereux et moins trompeurs, de soulager les classes pauvres. Dans notre système d'impôts si violemment attaqué, est-ce qu'il n'arrive pas que les gens aisés se surtaxent en plus d'un cas ? Que signifie l'impôt sur le tabac, sur la poudre de chasse, et sur d'autres jouissances de luxe ? Et n'est-ce pas l'impôt lui-même qui pourvoit aux frais de tant d'établissements secourables ? Ne fait-on rien pour l'hygiène, rien pour l'instruction, rien pour la maladie des citoyens pauvres ? Allons plus loin ; n'y a-t-il pas une quantité d'avantages créés par ce capital qu'on incrimine, avantages dont les masses populaires jouissent à titre gratuit ? Combien d'entreprises dont les résultats profitent à tous, et que le capital a prises seul à sa charge t Ce sont là, des éléments de premier ordre dans la question. Les revenus très bas sont enfin, de la part de l'impôt, l'objet de ménagements particuliers. Les articles de commune consommation sont de même en général modérément frappés. Qu'on fasse, dans la mesure du possible, de nouveaux pas dans cette voie, mais qu'on se garde bien, en vue d'obvier à des inconvénients qu'on peut diminuer, de renverser une base aussi simple, aussi stable, aussi juste, que le principe qui veut proportionner l'impôt aux fortunes !

il fallait donner un nom à ce nouveau principe de justice qu'on voudrait aujourd'hui inaugurer ; on l'a nommé « l'égalité des sacrifices. » Voilà, la grande théorie que l'on tenait en réserve, voilà ce que n'avaient pas prévu les pères de l'impôt progressif, pas même ceux qui comptent au nombre des meilleurs démocrates. Ni Jean-Jacques Rousseau, qui propose de surtaxer les fortunes, s'inspirant de cette idée que « le riche n'a qu'un ventre, non. plus que deux jambes aussi bien qu'un bouvier, » ni Robespierre, ni Saint-Just, qui parlent avec horreur des palais et s'attendrissent sur les chaumières, ne s'étaient avisés de cette formule. Ils ne parlent en tout cela que du *superflu* des riches, qu'ils jugent de bonne prise. Les nouveaux défenseurs de l'impôt progressif se sont avancés plus loin ; ils considèrent l'impôt progressif comme étant, c'est une de leurs expressions favorites, la « rançon » de la propriété. Sentant le besoin de donner une base philosophique à la. théorie économique, ils ont imaginé cette fameuse égalité des sacrifices, dont il s'agit de faire désormais le fondement de la justice distributive ; on veut que la somme de privation et même de désagrément imposée à tous par la taxe soit rigoureusement la même. On peut regretter de voir un économiste de la valeur de M. John Stuart Mill donner une sorte d'adhésion à une théorie aussi chimérique. Heureusement il n'en tire pas les mêmes conséquences, et il combat, loin, de l'admettre, l'impôt progressif. Quoi qu'il affirme, la justice idéale ne serait-elle pas atteinte le jour où l'impôt se proportionnerait absolument pour chaque citoyen à la somme des frais qu'il coûte à l'état et à la quantité des avantages qu'il doit à l'action> gouvernementale ? Ce n'est là malheureusement qu'un idéal, mais assurément c'en est un, faute de mieux, on paie selon ses revenus, mesurés tantôt sur l'avoir, tantôt sur les consommations ; payer selon le revenu apprécié le plus exactement qu'il a été possible, tel est l'objet proposé, et il n'y a rien là que de juste, même si toute justice n'est pas là. Avec l'idée de « l'égalité des sacrifices » on poursuit l'irréalisable, on raisonne dans les données du communisme, et c'est au communisme qu'on aboutit nécessairement. Vouloir que le paiement d'une dette quelconque impose également à tous le même degré de privation et de désagrément, au fond, qu'on se l'avoue ou non, c'est vouloir qu'il n'y ait plus ni riches ni pauvres ; c'est exactement comme si on voulait que le même travail ne semblât pas plus pénible aux hommes faibles qu'à ceux qui sont doués d'une robuste constitution, et, s'il s'agit du travail intellectuel, aux intelligences lentes qu'aux esprits faciles. C'est tout simplement décréter l'égalité des conditions. J'admets qu'il faille ne pas exagérer ces inégalités, qu'on doit chercher à les atténuer par des moyens justes, — toute la civilisation tend à ce but ; mais comment faire que les charges, quelles qu'elles soient, ne semblent pas plus pénibles à ceux qui ont peu ? Parti de cette idée, il faut, bon gré mal gré, qu'on aille au communisme, c'est-à-dire à un système plus rempli d'injustices que tous les autres à lui seul, à un système qui regorge d'absurdités, de hontes, et de plus incompatible avec tout progrès de l'espèce humaine. On ne saurait exiger de l'impôt de nous offrir ce qui n'est au pouvoir d'aucune institution, l'égalité de bonheur et de malheur, de plaisir ou de peine. Quand même on aurait résolu la question économiquement parlant, on ne l'aurait pas résolue moralement. Il n'y a pas de mesure pour la sensibilité comme nous avons une mesure des forces dans le dynamomètre. L'avare s'affligera de payer le plus petit impôt, l'homme facile et généreux s'acquittera sans peine d'une lourde taxe ; le prodigue se contentera de rire de ce qui fera pleurer son voisin parcimonieux. On veut égaliser la facilité « psychologique » de payer l'impôt ; en vérité, c'est abuser de la psychologie ! A force de vouloir être profond, on devient insaisissable. Ce n'est pas en rendant sentimentale une question aussi positive qu'on peut se flatter de la résoudre.

En dépit de ces nouveaux raffinements de la théorie, laissons aux choses leur vrai nom. « L'impôt progressif, impôt de jalousie et non d'équité ; » qui a dit cela ? Un homme qui fut une des illustrations du parti républicain, Armand Carrel, répondant à la nouvelle déclaration des droits de l'homme, déclaration presque communiste d'une société qui fit du bruit en 1832, et dont le chef était M. Godefroy Cavaignac, le frère de l'illustre général, qui devait se montrer si éloigné lui-même de ces thèses antisociales. Armand Carrel ajoutait que l'impôt progressif dérivait de l'absurde idée qu'un riche dévore la substance de plusieurs pauvres. Veut-on un témoignage pris dans les rangs mêmes du socialisme révolutionnaire ? Personne mieux que Proudhon n'a saisi les affinités de l'impôt progressif avec le communisme. Il y trouve une de ces occasions qu'il laisse rarement échapper de dire des injures à ses amis, injures qui ne sont trop souvent que de dures vérités. Dans le livre sur l'impôt, qu'il composa en vue du concours institué par le conseil-général du canton de Vaud, et qui de tous les mémoires envoyés fut le plus remarqué, il jette l'anathème sur tous les impôts, sans en excepter ceux qui n'existent que dans les écrits des radicaux ; il ne se fait aucune illusion sur la portée menaçante qu'ils ont. Déjà il avait appelé ailleurs l'impôt progressif « une jonglerie. » Il y revient, il s'y acharne ; il ne le trouve bon qu'à « alimenter le bavardage des philanthropes et à faire hurler la démagogie. » Il y voit, comme dans l'impôt proposé sur le capital, un énergique dissolvant. Il est vrai que l'efficacité redoutable de ces expédients le calme un peu sur le manque de sincérité ou de logique des partisans de ces impôts. Il s'en exhale une odeur de destruction qui par moments semble le désarmer. Tout le monde n'a pas les mêmes motifs que M. Proudhon de voir une circonstance atténuante, pour un certain genre de taxation, dans ce fait même qu'il est fatalement antisocial. Nous poumons citer dans ce sens un aveu plus décisif encore, que nous trouvons consigné dans les annales de ce même congrès de Lausanne. Un orateur, las des ambages et des moyens termes auxquels cette théorie bâtarde prête si aisément, s'écriait, en arrachant tous les masques et tous les bandeaux : « Que craignez-vous ? L'impôt ne peut pas être trop progressif. Le plus tôt n'est-il pas le mieux pour accomplir par là dans la société un mouvement général de bascule en faveur de l'ouvrier prolétaire ? » Il est heureux qu'il se rencontre de ces indiscrets dans les congrès et ailleurs. Combien de pareils mots valent mieux que de longs discours ! Voilà enfin ce qui s'appelle poser la question et du même coup la résoudre. Qu'attendre de plus après cela ?

Cet excès de franchise ou plutôt de résolution devait effrayer les plus sincèrement modérés ; ils ne sont pas absolument insensibles à la force des objections. Ils craignent qu'un tel impôt, en frappant, en punissant les fortunes au-delà d'un certain niveau, ne décourage l'épargne et l'agglomération des capitaux, ne les fasse émigrer, n'arrête l'essor de l'esprit d'entreprise, ne ramène enfin tout à la médiocrité et à la langueur, ce qui serait l'atteinte la plus funeste portée au fonds des salaires et à la démocratie laborieuse. Le malheur est que ces *modérés* ne s'aperçoivent pas qu'ils sont au fond fort *radicaux*. L'idée radicale n'est-ce pas ici l'adoption même d'un principe de nivellement qu'on prétend étendre à toutes les taxes directes ? Un petit nombre d'économistes, malgré les progrès qu'a faits l'étude de la question, persistent malheureusement à invoquer l'autorité de quelques maîtres de la science, lesquels ont autrefois adressé un salut sympathique au principe de la progression sauf à n'en faire aucun usage. Je ne les confonds pas avec les socialistes, dont leurs intentions et leur but les séparent profondément ; mais comment les justifier du reproche d'inconséquence et ne pas avouer que cette inconséquence va jusqu'à l'aveuglement ? Ce sont eux surtout qui se préoccupent de rendre l'impôt progressif applicable et inoffensif. La minorité d'une commission nommée dans le canton de Vaud, minorité appartenant au parti radical, adressait même un rapport au grand-conseil de ce canton pour faire établir l'impôt progressif, lié au système logarithmique de façon à en atténuer les excès possibles. « Le taux de l'impôt par mille, y lit-on, est le nombre de francs représentant la matière imposable ; ce logarithme est pris dans le système dont la base est mille. » En vérité, ne serait-il pas puéril d'introduire un tel principe au cœur de la législation, du moment qu'on ne veut l'y faire pénétrer qu'à dose homœopathique ? Si les effets ne s'en font pas sentir sur la diminution de la richesse qu'on juge excessive et pour ainsi dire pléthorique, à quoi bon, je vous prie, ce platonique hommage rendu à un principe si controversé ? Mais on a répondu plus à fond. On a objecté que c'est là une précaution si vaine qu'il suffit d'établir le logarithme sur cent pour que cette belle modération disparaisse. Quelle autre garantie a-t-elle que la parole des auteurs de ces tables, parole qui ne les enchaîne pas absolument, les circonstances étant variables, et qui ne lie en rien ceux qui peuvent venir après eux ? Avouons que les partisans de la progression jouent de malheur. Ils demandaient tout à l'heure du secours à la « psychologie, » et elle les abandonnait. Voici qu'ils appellent à leur aide l'arithmétique, et elle les trahit. C'est qu'il n'y a pas de moyen de se dérober à la fausseté d'un principe. Une raison décisive pèsera toujours de tout son poids dans la balance quand on compare la proportionnalité et la progression. Mettez dans le système des taxes le germe de la proportion, vous n'aurez jamais à craindre qu'il grandisse trop ; vous êtes certain à l'avance que le degré de justice réalisée et de bien produit sera en raison même de ses accroissements. Mettez-y le germe de la progression, c'est tout le contraire ; vous avez sans cesse à en redouter la croissance exubérante et trop rapide. A l'ombre de la proportion, toutes les industries vivent, toutes les propriétés prospèrent, le travail se développe et opère quotidiennement sa transformation en capital. A l'ombre de la progression, l'industrie végète, la propriété tremble, le travail s'engourdit ; un degré de plus, et tout meurt. Il faut en finir une fois pour toutes avec ce principe sournois ou brutal, selon l'occurrence, tantôt revêtant les nuances les plus changeantes, tantôt accusant énergiquement sa couleur véritable, tantôt s'insinuant d'une manière cauteleuse, tantôt frappant comme la foudre et découronnant tout ce qui s'élève. Un tel impôt, c'est le *bon plaisir* rétabli au profit de la démocratie. Aujourd'hui, on se bornera à miner sourdement la richesse ; demain, on la fera d'un coup disparaître. Impôt de partialité, qui fait abusivement acception des classes et des personnes ; impôt de tyrannie, qui pénètre jusque dans le foyer et prend des notes sur toutes les familles ; impôt d'instabilité et de caprice, qui introduit les changements et les violences de la politique dans le système des taxes, et par conséquent dans la situation réelle et relative des citoyens. C'est en le repoussant que la démocratie libérale, respectueuse du droit de chacun, prouvera qu'elle se sépare nettement de la dangereuse démocratie qui nous menace, la démocratie révolutionnaire et niveleuse.

Section III

C'est encore au nom des intérêts et des prétendus principes démocratiques que les adversaires des impôts indirects font le procès à ce genre de taxes ; aussi n'est-ce que par ce côté que je rentrerai dans une controverse déjà ancienne. Tout ne serait pas sans fondement dans leurs critiques, s'ils ne prétendaient leur donner une portée excessive. J'ajouterai que les expédients qu'ils ont imaginés pour échapper à la force de certaines objections achèveraient seuls d'ôter à leur système toute chance d'application. Comment ne pas s'étonner d'entendre certains radicaux parler au sujet de la douane et des taxes sur les boissons exactement avec la même véhémence que si rien n'était changé depuis la révolution française ? Plusieurs même vont jusqu'à soutenir systématiquement que rien n'est changé en effet. On jugera par là du degré d'impartialité qu'ils y mettent. Nul doute que les taxes notamment établies sur la consommation ne doivent être ménagées. Lorsque la situation le permet, la politique des dégrèvements se recommande à toute sorte de points de vue ; seule elle a le secret de faire ces deux choses en apparence contradictoires, de produire plus pour le trésor en laissant plus au contribuable. L'élan pris par la consommation donne le mot de cette énigme ; mais encore faut-il, pour que cet effet d'un avantage au profit du trésor se réalise, que la taxe indirecte subsiste, bien qu'affaiblie. On est par conséquent aux antipodes du radicalisme.

Je suis loin de présenter notre système d'impôts indirects comme la perfection, et je le regarderais comme critiquable quand bien même il ne prêterait le flanc que par l'exagération de frais de perception qui atteignent à 12 pour 100, tandis qu'en Angleterre, à la vérité dans des conditions de surveillance plus faciles, ces frais ne dépassent pas 5 pour 100. C'est aussi de ce côté que porte, quelquefois avec raison, le reproche de défaut de proportionnalité. J.-B. Say n'avait pas attendu les critiques du radicalisme pour écrire cette phrase, approuvée de tous les amis de la justice et de l'humanité : « 30 francs qui sont une taxe d'un dixième sur un tonneau de 300 francs sont une taxe de 300 francs pour un tonneau de 10 francs. » Si peu généraux que soient de pareils faits, c'est un droit, un devoir même de les signaler, non pour aigrir et soulever les populations, mais pour porter remède au mal. Le reproche d'être antipopulaire fait à l'impôt indirect parce qu'il renchérit le prix des denrées n'est pas sans force. Est-il toutefois beaucoup d'impôts qui y échappent ? Le mérite-t-il lui-même dans la mesuré où on le dit ? Une discussion approfondie, pour la plupart des cas de grande consommation populaire, vin, sel, pain, viande même, a établi ce qu'il y a d'énorme exagération dans ce grief. Les cas sont nombreux où de tels impôts, grâce à la loi des grands nombres, peuvent être très lucratifs et très peu pesants. On a dit, et c'est un point auquel l'auteur du livre sur *la Propriété* attache une importance considérable, que l'ouvrier fait rembourser dans son salaire l'avance qu'il a faite de ces impôts. Ne va-t-on pas trop loin en établissant comme une *loi* ce qui n'est qu'une *tendance*, laquelle se réalise quand le travail est fort demandé, mais qui ne peut se réaliser qu'en partie ou même point du tout, si la demande du travail reste au-dessous de l'offre ? Le zèle en faveur des impôts indirects ne saurait aller jusqu'à soutenir que leur plus ou moins d'élévation ne fait rien au peuple. On n'arriverait par là qu'à ériger l'indifférence en principe. Il n'y a point enfin de raisonnement qui puisse justifier les impôts, et moins encore les gros impôts, établis sur les matières premières. Le principe qu'on invoque de la diffusion de l'impôt et la circonstance qu'il ne poserait que faiblement sur chaque objet consommable en sont des excuses fort insuffisantes. C'est frapper la production, cette mesure la plus certaine du bien-être populaire, et restreindre avec elle la puissance d'exportation ; c'est atteindre dès lors l'industrie et le commerce, et par suite aussi porter un préjudice au travail et aux salaires. La consommation se resserre au préjudice de tous, et dans cette condition l'impôt lui-même s'expose à plus d'un mécompte. Ce sont là de ces vérités acquises qu'il ne faut oublier en aucun temps, et moins encore, quoi qu'on en dise, dans les temps de crise comme ceux que nous traversons. Je suis loin en revanche de dédaigner l'argument dont se servent les défenseurs des contributions indirectes au point de vue de leurs effets sur les masses populaires, lorsqu'ils avancent que, les consommations se faisant au fur et à mesure des besoins, ces taxes se font moins sentir, et le peuple paie sans s'en apercevoir. L'avantage n'est pas à mépriser pour les petits revenus. On a comparé cela à une « anesthésie bienfaisante. » Le mot a mis en fureur les écrivains radicaux. Proudhon prétend que c'est chloroformer le peuple pour mieux l'assassiner et le voler plus à son aise. Peut-être, pour emprunter une comparaison aux opérations chirurgicales, pourrait-on dire tout au plus qu'on cherche à faire subir au patient l'extraction d'une dent sans qu'il s'en aperçoive trop. Est-ce un grand crime, et y a-t-il bien lieu de parler d'assassinat et de vol ? Un homme d'état anglais faisait consister tout le problème fiscal à tirer des populations le maximum d'impôt avec le minimum de mécontentement. C'était exagérer sans doute. Il faut demander le moins d'impôts qu'on peut ; mais, quelle que soit la somme, le minimum de mécontentement est un excellent but à poursuivre.

On répète aussi avec insistance que seul l'impôt direct est loyal ; seul il avertit le contribuable de ses charges réelles ; avec lui on sait ce qu'on paie et pourquoi on paie. Cette raison me frappe, je l'avoue ; mais, si la somme est forte, cette pesanteur dont on fait un mérite ne va-t-elle pas devenir un défaut intolérable ? N'est-ce pas le cas de diviser le fardeau pour le rendre supportable ? Ne serait-ce pas le lieu d'avoir égard à cette « facilité psychologique » dont il était question tout à l'heure ? C'est aussi l'habitude des écrivains radicaux de traiter comme un pur sophisme cette idée que les taxes de consommation sont plus volontaires parce qu'on est libre de consommer. Je reconnais qu'on n'est pas libre de ne pas consommer les choses de nécessité. Comment soutenir qu'on ne l'est pas d'étendre plus ou moins sa consommation pour les choses de simple utilité et surtout d'agrément ? C'est même cette circonstance qui, en somme, quoi qu'on en dise, proportionne le mieux cet impôt à la richesse et à la jouissance. Le pauvre qui épargne ne paie point, le riche qui dépense paie ; n'est-ce pas dans l'ordre, même démocratiquement ? On ne s'étonnera pas que j'insiste, à ce point de vue de la démocratie, sur la révolution complète qui tend à s'opérer dans les idées. C'est un fait digne de remarque, et dont la portée est grande. On veut aujourd'hui que l'impôt direct soit l'impôt des peuples libres. Il faut avouer du moins que la prétention est nouvelle. Montesquieu a soutenu le contraire. En France, des économistes et des financiers de l'école libérale, J.-B. Say et M. Thiers en tête (je puis certes citer M. Thiers à la tête des libéraux, bien qu'il ne soit pas toujours libéral en économie politique), ont développé avec beau ; coup de force la thèse de Montesquieu. Adam Smith, qu'anime au plus haut degré le même esprit, n'y fait point exception, et de nos jours M. Stuart Mill, qui est non pas seulement libéral, mais démocrate, et à qui il ne manque par conséquent aucune des conditions requises pour se faire écouter, ne croit pas manquer à sa cause en s'exprimant sur ce genre de taxes d'un ton d'approbation qui paraîtrait un scandale à la plupart de nos radicaux français.

Le spectacle que nous donnent aujourd'hui les nations libres serait-il donc de nature à autoriser la thèse nouvelle ? En supportant même les abus des taxes indirectes, ces abus qu'elles songent à corriger, et qu'elles ont déjà fort réduits, voit-on qu'elles aient envie de renoncer à en faire usage, pour les remplacer par les taxes directes ? La question est assez importante pour qu'on y réponde avec un peu de soin. On cite la Suisse ; on a raison pour les budgets cantonaux, on a tort pour le budget fédéral, qui est le plus fort et qui provient surtout de la douane, de la poste et du monopole du sel ; les impôts sur les boissons y sont aussi notablement productifs. Aux États-Unis ; sur un budget total de recettes évalué pour 1871 à 393 millions de dollars, les douanes figurent pour une somme de 185 millions, les ventes de terre pour 5 millions, divers impôts pour 28 millions ; les revenus intérieurs, dans lesquels l'impôt direct tient une place d'ailleurs considérable, pour 175 millions de dollars. En définitive, le budget fédéral se compose pour une partie notablement supérieure de sommes ayant une autre provenance que les taxes directes. Les circonstances géographiques et commerciales entrent sans doute pour une part dans cette prédominance si marquée de l'impôt indirect. Les pays ayant un commerce maritime développé ont presque tous été amenés à tirer une grande partie, la plus grande souvent de leur revenu, de la douane, qui y demande moins de surveillance et de frais que dans les pays continentaux. Cette raison toutefois est loin d'être à elle seule suffisante. Pourquoi ne pas reconnaître le mérite qu'ont les taxes sur la consommation d'être le plus facultatif des impôts indirects ? En Belgique, sur un budget de 176 millions 1/2, les impôts directs n'en fournissent pas 40. Dans le royaume des Pays-Bas, sur un budget de recettes qui ne dépasse pas beaucoup 97 millions de florins (évalués à 2 fr. 12 cent.), la proportion de l'impôt direct est à peu près la même. En Italie, sur un total d'environ 805 millions de francs, et bien qu'il soit demandé beaucoup aux taxes directes (en effet, la propriété immobilière fournit environ 159 millions, la propriété mobilière environ 73), l'impôt indirect fournit un revenu de beaucoup supérieur ; c'est environ dans la proportion des deux tiers.

Voilà, ce me semble, des nations libres. Nulle part je n'y aperçois ce mouvement de retraite dont il serait question. Un sage esprit pourtant, un des hommes qui ont répandu le plus de lumières sur l'histoire comparée des impôts, M. de Parieu, prenant directement à partie pour la combattre la thèse de Montesquieu, a écrit dans ces derniers temps « que le travail de la liberté politique, depuis un siècle, s'est opéré surtout dans le sens du développement de certains impôts directs, notamment en Angleterre, en Allemagne, en Amérique et en Suisse. » Le fait de cette augmentation est vrai, mais voit-on que ce soit en général par la réduction des taxes indirectes qu'il s'est traduit ? Je ne nie pas la tendance pour les petits états ; est-elle la même dans les grands ? Est-ce à titre d'impôt favorable à la liberté que l'Angleterre s'est résignée à l'*income-tax* ? Comment oublier qu'il est plus facile à un gouvernement de faire de l'impôt direct, qu'il a dans la main, un instrument d'oppression, que d'abuser des taxes de consommation qui se refusent, dès qu'il y a surcharge ? On peut écraser des propriétaires et des capitalistes par le poids d'une taxation arbitraire et les soumettre à des vexations tyranniques. Essayez donc de traiter en séditieux tout un peuple qui restreint ses achats !

Quel pays plus que l'Angleterre offre une preuve éclatante de la coexistence de la liberté politique avec la préférence donnée aux taxes indirectes ? Que, sous l'empire de nécessités impérieuses, elle ait demandé à l'*income-tax* environ le dixième du revenu public, faut-il y voir autre chose qu'une preuve de plus du besoin qu'éprouvent les nations de diversifier les taxes ? Il n'est pas nécessaire de rappeler ce qui est connu de tous, à savoir que le budget britannique est alimenté aux trois quarts par l'impôt indirect. Pour préciser davantage, les douanes, qui portent presque uniquement sur le sucre, le tabac, le thé, le vin, l'alcool, le café, donnent près de 22 millions sterling ; l'excise frappe surtout sur les boissons, et donne à peine un million de moins.

Je sais quelle réponse tiennent toute prête les défenseurs du radicalisme économique et politique quand on leur cite l'Angleterre. C'est, disent-ils, un pays libre, ce n'est point un pays démocratique. Qui ne sait aujourd'hui combien est étroite et fausse l'opinion qui voit dans l'Angleterre actuelle une terre ou fleurit exclusivement le principe aristocratique ? Mais pour l'impôt il faut aller plus loin. De même que dans l'industrie ce pays, qu'on dit aristocratique, travaille pour les masses par le bon marché, tandis que la France démocratique s'applique plus spécialement aux produits beaux et chers, de même l'Angleterre est peut-être en Europe la nation qui a établi son système d'impôt sur les bases les plus démocratiques, si on entend par là le ménagement des contribuables les moins riches. L'Angleterre a laissé d'ailleurs aux sacrifices des classes aisées leur caractère facultatif et consenti. Elle s'est bien gardée d'adopter l'impôt progressif, et moins encore elle admet la théorie qui y conduit. Seulement elle a exempté les matières premières, dégrevé les choses d'utilité, mis l'*income-tax* sur le compte des classes qui peuvent payer, laissant cet impôt établi par surcroît à la charge des revenus supérieurs à 150 livres sterl. On s'est taxé, disons-le, en s'inspirant d'une politique où le calcul s'allie au sentiment de l'humanité, on s'est taxé au-delà même de la stricte et rigoureuse proportion. J'ajoute que cela était possible chez un peuple où les revenus élevés sont beaucoup plus fréquents que chez nous. Il n'y a point trace en tout cela d'inspiration ni de pression radicale.

Finissons-en avec l'illusion que produisent les mots et les apparences. L'économie des frais de perception est certes à l'avantage de l'impôt direct. Il peut se défendre par une simplicité relative, qui n'est pas toujours, mais qui peut être parfois une supériorité réelle ; mais est-il toujours plus proportionnel et toujours plus doux pour les travailleurs ? Parmi ceux-ci, il faut placer les petits fonctionnaires et les petits entrepreneurs, ainsi que la masse un peu besoigneuse qui comprend les petits rentiers. Que l'impôt direct soit payé ou seulement avancé par le producteur pauvre, qui se le fait dans le second cas rembourser par des consommateurs le plus souvent pauvres eux-mêmes, ce sont toujours les pauvres qui paient. Or quel moyen a-t-on de prévenir ou d'empêcher ces effets de la loi de l'offre et de la demande ? En ce sens, une addition à la patente ne serait guère *démocratiquement* préférable à telle taxe indirecte, mutile d'ajouter qu'une addition à l'impôt des portes et fenêtres, déjà si critiquable, ne serait ni populaire ni proportionnelle au revenu des familles. Et comment croire qu'on arriverait mieux que par les taxes indirectes à établir un impôt *démocratique* en surtaxant les actions et obligations des entreprises industrielles divisées en petites coupures entre les mains des petits capitalistes !

Le plaidoyer des avocats exclusifs des taxes directes est venu échouer devant un argument pratique qui n'a fait que prendre de nouvelles forces, la nécessité des gros budgets. Aussi conseille-t-on de les réduire. On veut pour y arriver réduire aussi les attributions de l'état. Bien de mieux, mais il n'est pas parfaitement sûr que les dépenses transportées aux communes ou aux départements fussent beaucoup amoindries. La charge reste considérable pour chaque citoyen dans les pays de décentralisation comme l'Angleterre et les États-Unis. Le conseil de désarmer est fort bon, si on n'est pas seul à le suivre et à la condition de ne pas jouer le rôle de l'agneau devant le loup. En outre, comment imaginer que le degré d'intervention de l'état ne restera pas toujours tel qu'il nécessite des budgets élevés ? Quelques écrivains ont inventé pour combattre cette objection un expédient assez singulier. Ils prétendent fixer d'avance un budget des dépenses que l'état ne pourra dépasser. L'un lui accorde 600 millions par an, l'autre ne lui en laisse que 500 ; c'est son dernier mot. Ainsi, on le voit, dans cet ingénieux système les contribuables traitent à forfait avec l'entreprise gouvernementale ; on leur donnera de la sécurité, de l'ordre, des routes, de l'instruction, et bien des choses encore, pour ce juste prix. Où donc les auteurs de ces systèmes ont-ils rencontré de ces gouvernements doués de bonhomie qui se laisseraient ainsi lier étroitement les cordons de la bourse ? On les y contraindra, dit-on. C'est ce qu'il faudrait établir. Où donc sont-ils ces peuples voués à une passion exclusive d'économie qui, à l'abri de tout entraînement même utile, se résigneraient à une telle réduction des services publics, à une telle absence de moyens de parer à l'imprévu ? Est-ce la démocratie qui fournit le type de pareilles nations ? où l'a-t-on vue dans un pays fortement centralisé dédaigner les grands travaux publics ? où ne de-mande-t-elle pas un fort budget pour l'instruction populaire ? Elle se dit pacifique ; n'a-t-elle donc pas ses accès d'humeur guerrière aussi, ses soucis de dignité nationale, ses rêves ardents de propagande ? C'est la politique qui domine le problème pratique de l'impôt, et nulle règle économique tracée *a priori* ne suffira pour lui faire la loi. De tels expédients ne sont que toiles d'araignée qu'on oppose à une force dont l'irrésistible violence a rompu bien d'autres obstacles.

Section IV

C'est de même à la thèse radicale que je m'en tiendrai en ce qui touche l'impôt unique sur le revenu. Cette thèse est fort différente de celle qui consiste à introduire l'impôt partiel sur le revenu comme une taxe nouvelle plus ou moins modelée sur les types que nous présentent surtout la Grande-Bretagne, l'Allemagne ou l'Amérique du Nord. La plupart des partisans de cette introduction en France sentent la nécessité de la restreindre dans des proportions modérées. M. H. Passy, ministre des finances, dans le projet qu'il soutint en 1849, évaluait le revenu de cette taxe à 60 millions. Une telle somme semble assez légère aujourd'hui surtout. C'est seulement la thèse de l'impôt unique sur le revenu que j'ai en vue, c'est-à-dire la prétention de suffire à un budget qui, ne le supposât-on pas de 2 milliards et demi, resterait considérable. Quand l'ancien régime avec des budgets, qui nous semblent aujourd'hui bien faibles, de 300 millions, si lourds qu'ils aient paru à nos pères, quand l'ancien régime avait l'impôt multiple, on prétendrait aujourd'hui se contenter d'un seul impôt ! On a souvent et avec raison fait observer qu'au fond toutes les taxes visent au revenu ; les impôts de consommation ne se proposent pas moins de l'atteindre que l'impôt foncier ou les taxes mobilières. L'idée qu'il serait bon, *si c'était possible*, de s'adresser uniquement au revenu d'une façon immédiate en évitant les détours et les faux frais est naturelle et juste en elle-même. Les radicaux n'en demandent pas davantage, peu habitués qu'ils sont de compter avec la résistance des choses, qu'ils mettent invariablement à la charge de la mauvaise volonté des hommes. En fait l'impôt unique sur le revenu, n'existe nulle part. Aucun grand pays n'en a fait même la tentative. La révolution, qui avait bien osé abolir la plupart des taxes indirectes, n'a rien essayé ni même conçu de pareil à ce qu'on demande aujourd'hui. L'habitude où nous sommes de nous abandonner à la méthode abstraite qui, sous le nom usurpé presque toujours d'idéal, conduit au radicalisme, a fait passer sur toutes ces considérations historiques et expérimentales. C'est dans l'étude des faits qui nous entourent, des exemples qu'on invoque, comme dans l'emploi légitime du raisonnement, que se trouve la réponse à ces théories ambitieuses.

La raison la plus décisive qui s'élève contre les partisans de cette taxe unique, c'est qu'elle porte à la plus haute puissance les inconvénients si réels de l'impôt sur le revenu employé comme une simple taxe venant s'ajouter d'une manière accessoire à l'ensemble des autres impôts. Les nations qui ont eu recours à celle-ci ont pu prendre leur parti de ces défauts. Elles s'y résignent comme à une nécessité, soit pour ne pas peser sur d'autres taxes qui ont rendu tout ce qu'elles peuvent, soit que cet impôt leur paraisse en lui-même préférable, à la condition expresse de rester particulièrement modéré. Si vous demandez tout ou presque tout à ce seul impôt, ce qu'il a d'offensif pour la liberté des contribuables, ce qu'il laisse apparaître de difficultés dans l'évaluation, prennent une force telle qu'éclate l'impossibilité de le concilier avec ce que nos sociétés exigent de ménagement pour les citoyens. De même on ne sait comment le mettre en rapport avec ce que l'état requiert de ressources pour subvenir à ses nécessités, fussent-elles réglées avec la plus grande économie.

Je ne me propose pas de faire le procès à l'impôt sur le revenu tel qu'il existe ailleurs ; d'autres l'ont fait et de la manière la plus vive, : — M. Léon Faucher, notamment, ne s'y est pas épargné. J'en parlerai de sang-froid, j'irai même jusqu'à l'approbation, j'entends à une approbation relative et conditionnelle ; mais enfin présente-t-il des moyens d'évaluation assez satisfaisants pour que l'impôt en dépassant certaines proportions limitées puisse s'en accommoder ? On a essayé pour ainsi dire de deux types dans cette évaluation. Dans l'un qu'on peut nommer le type anglais, c'est la déclaration du citoyen qui sert à fixer l'impôt. Toute fausseté reconnue dans l'évaluation déclarée entraîne la restitution au fisc avec une forte amende. Les inexactitudes de déclaration n'en sont pas moins extrêmement fréquentes. Lord Brougham soutenait que c'était une institution corruptrice pour la loyauté et les mœurs du peuple anglais. On s'est demandé avec raison si le mal ne serait pas plus grand encore en France avec le caractère léger de la nation et la disposition si commune à croire que ce n'est pas mal faire que de tromper le fisc. Si les déclarations au-dessous de la réalité y étaient les plus fréquentes, le charlatanisme industriel et commercial n'en ferait-il jamais au-dessus pour s'assurer du crédit ? J'admets que les partisans de l'impôt partiel sur le revenu, avec les conditions de modération qu'ils y mettent, ne regardent pas de telles objections comme absolument décisives. Il n'en est pas de même au point de vue de la taxe unique. La fraude centuplerait avec l'intérêt qu'on aurait à frauder. Quand des consciences plus délicates habituellement éprouvent ce genre de tentations, quelle base donner à l'impôt que la conscience de la masse calculée sur la *moyenne* !

Le second type d'évaluation est celui qu'on peut appeler le type allemand ; c'est le système selon lequel s'établit l'impôt sur. le revenu en Prusse et dans quelques autres états de l'Allemagne. Les revenus y sont évalués par des commissions gouvernementales ; libre ensuite à chaque citoyen de s'inscrire contre l'évaluation, sauf à faire la preuve, c'est-à-dire à ouvrir ses registres et à livrer ses papiers d'affaires. Cela peut être admissible avec une taxe modérée qui ne détermine qu'exceptionnellement de pareils conflits ; avec une taxe élevée, avec un impôt unique, c'est la lutte en permanence. Et si le gouvernement est un de ces pouvoirs tels que le radicalisme ne manque jamais d'en imposer au pays lorsqu'il est le maître, on peut pressentir les avanies auxquelles seront exposées les contribuables, surtout les suspects, et les extrémités auxquelles il faudra en arriver.

Dans le système de l'impôt sur le revenu établi même partiellement, le législateur se sent en présence de deux faits également embarrassants : d'une part, une masse assez grande de revenus plus ou moins faibles qu'il est difficile de taxer et surtout de taxer a un taux quelque peu élevé ; d'autre part, la diversité de nature et d'origine de ces revenus, les uns viagers, les autres temporaires, les uns stables, les autres incertains. Taxer uniformément tous ces revenus paraît inhumain ou injuste. Cela oblige le gouvernement à se livrer à une des opérations les plus délicates qu'on connaisse et qui peuvent prêter le plus à l'arbitraire, il faut qu'il établisse des catégories. Cela s'est vu toujours en pareil cas. Je citerai la commission qui, dans notre assemblée nationale, après 1848, s'était occupée de l'impôt sur le revenu. Elle distribuait en quatre catégories les revenus mobiliers soumis à la taxe. Elle y mettait 1° les bénéfices nets, du commerce et de l'industrie, à l'exception de l'industrie agricole ; 2° les produits nets des offices ministériels et des autres professions libérales ; 3° les pensions, traitements, rémunérations pour services publics et privés, sous quelque titre, forme ou dénomination que ce soit, à l'exception des salaires d'ouvriers proprement dits ; 4° les produits des capitaux placés, sous forme de dividendes, rentes, annuités, intérêts de créance. Chacune de ces branches était taxée à 3 pour 100. On peut accepter ou non cette classification lorsqu'il ne s'agit que de l'impôt partiel ; mais à quoi irait-elle, à quoi irait surtout cette exemption en masse de tous les salariés urbains et ruraux, s'il s'agit d'un l'impôt unique ou prédominant ? Oublie-t-on que parmi ces salariés il y en a de beaucoup mieux rétribués que tel petit entrepreneur, traité en privilégié du capital ? Ce que leur nombre ajoute à l'impôt dans le système actuel est énorme. De même on peut se résigner peut-être, pour cet impôt simplement ajouté aux autres, à ce que des revenus aussi différents soient sujets à la même taxe. Dans un système général ce serait d'une injustice évidente, et il faudrait en venir à des exemptions ou à des atténuations. On ne saurait imposer également les revenus certains et les revenus aléatoires. Comment y remédier ? comment tenir compte de degrés qui vont à l'infini ? Un économiste anglais, M. Mac-Culloch, proposait de taxer les revenus viagers d'après la vie probable ; ainsi l'homme de soixante ans devait payer moins. M. J. Stuart Mill, même dans le système de l'impôt purement partiel, exempte de la taxe une partie de certains revenus ; les uns ne paient que pour moitié, les autres pour trois quarts. Ne s'expose-t-on pas, en ayant recours à ces arrangements d'une application fort délicate, à tomber bien des fois dans l'arbitraire par les efforts même si compliqués qu'on fait pour éviter l'arbitraire ? C'est un mérite des taxes de consommation que celui qui ne possède qu'un revenu aléatoire peut convertir en épargne cette part de revenu qu'il n'a pas dépensée. Que si cette épargne elle-même n'est point trop taxée, tout sera dans l'ordre. Une taxe placée uniquement sur le revenu, ne tenant compte ni de la quantité des consommations, ni des sacrifices et des privations qu'on s'impose, serait infiniment plus dure pour le petit contribuable que le système actuel et plus défavorable à l'épargne. C'est encore M. John Stuart Mill qui le dit en des termes qui me paraissent irréfutables : « La manière la plus convenable d'asseoir l'impôt du revenu serait d'imposer seulement la portion des revenus qui est destinée à la consommation et d'exempter celle qui est épargnée. En effet, une fois épargnée et placée, toute somme produit un revenu ou des profits qui paient l'impôt, bien que cette somme l'ait déjà payé. Si donc l'on n'affranchit pas les épargnes de l'impôt du revenu, les contribuables sont imposés deux fois sur ce qu'ils économisent, et une fois seulement sur ce qu'ils dépensent. » Combien de conséquences à tirer de ces observations ! quel défaut de justice et de proportionnalité, si on frappe d'un double impôt une même somme ! quelle prime à la dissipation ! quelle atteinte à cette formation du capital si indispensable au bien-être populaire ! Et si on veut exempter cette partie épargnée, à quelles difficultés on s'expose ! Voyez où vous allez lorsqu'un pareil impôt devient unique, ou seulement si on cherche à lui faire prendre trop d'extension.

Qu'est-ce donc, quand il s'agit d'avoir égard, comme cela semble équitable, au nombre des enfants, aux charges de famille ? N'arrivera-t-on pas à se perdre dans tous ces calculs ? C'est à cette impuissance qu'est venue échouer, après 1848, la loi bavaroise qui exemptait les célibataires ayant moins de 250 florins de revenu, les familles ayant trois enfants au plus avec un revenu inférieur à 400 florins, les familles ayant plus de trois enfants, si elles avaient moins de 500 florins de rente. Les revenus imposables étaient d'ailleurs distribués en vingt-cinq classes, dont la première (250 florins de revenu) payait 2 pour 1,000, la quinzième (10,000 florins de revenu) 1 pour 100, et la dernière (75,000 florins de revenu et au-dessus) 2 pour 100. Le gouvernement avait compté tirer de l'impôt du revenu (*einkommensteuer*) 2,400,000 florins ; il n'en retira que 486,912. On se heurta à des difficultés qui ont fait modifier la loi profondément. Cette pente des exemptions et des soulagements, difficile à éviter avec l'impôt partiel pour les situations dites intéressantes, le serait absolument avec l'impôt unique. Fatalement on en vient à surtaxer les uns pour créer aux autres des immunités. La mesure des exemptions pour de vastes catégories a été adoptée en Angleterre, même avec l'*income-tax* partiellement établi. Il en a été ainsi dans l'antiquité, ainsi dans les républiques italiennes, ainsi dans les Pays-Bas, ainsi partout. Plus s'opère la transformation en taxe unique ou prédominante, plus s'impose cette double nécessité inévitable : le système de la progression avec ce qu'il porte en lui d'injustices et de dangers, surtout dans un pays sujet aux révolutions, et les exemptions en bloc pour des classes nombreuses ou des allègements mesurés plus ou moins équitablement aux situations individuelles.

Voilà pourquoi, sous le régime des budgets élevés, la théorie de l'impôt unique ou même prépondérant sur le revenu est destinée à rester dans les livres ou dans les discours des tribuns. Tout un peuple ne se mettra jamais un pareil fardeau sur les épaules.

Vauban lui-même, dont l'impôt unique, sur le revenu invoque la paternité glorieuse, laissait subsister la gabelle ou impôt sur le sel profondément réformé, les douanes et d'autres impôts secondaires, c'est-à-dire la majeure partie du revenu public, ne demandant à sa dîme que 75 millions sur son budget un peu imaginaire de 177 millions : un budget anodin dont l'énoncé fait sourire. Pour assurer ce modeste résultat, ce grand citoyen ne se sent pas moins obligé d'invoquer des mesures de rigueur ; il demande « que le roi veuille bien s'en expliquer par une ordonnance sévère, qui soit rigidement observée, portant confiscation des revenus recelés et cachés, et la peine d'être imposé au double pour ne les avoir pas fidèlement rapportés ; moyennant quoi et le châtiment exemplaire pour quiconque osera éluder l'ordonnance et ne pas s'y conformer, on viendra à bout de tout. » Et voilà ce dont on veut faire un système général ! Et ce serait là ce qu'on nomme la liberté démocratique ! Ce serait de l'égalité, un système où la minorité riche porterait seule le fardeau jusqu'à extinction de ses forces, un système où la majorité, je ne dis pas nécessiteuse, ni même pauvre, mais reconnue assez aisée dans tous les pays pour payer sa part d'impôt, devrait, sous peine de trop vives souffrances, être l'objet de ces soulagements ou de ces exemptions radicales, acceptables peut-être avec l'impôt partiel sur le revenu, mais véritablement indignes s'il s'agit d'une mesure générale ! Et on ne sent pas que ce serait consacrer l'avilissement d'une grande partie de la nation, changée en un peuple de mendiants, soustrait à l'obligation civique, appelée « honorable » par la convention, de payer l'impôt ! Le régime de faveur pour les uns et d'oppression pour les autres de l'ancien régime reparaît ici en sens inverse et avec aggravation ; il reparaît accompagné d'un cortège de dénonciations qui dépasse ce qu'on a vu de la *taille* ; il reparaît avec des catégories dressées à l'avance pour des rigueurs s'étendant fatalement des biens aux personnes. Pour ne pas prévoir de telles conséquences, il faut n'avoir à aucun degré le sentiment de ce qui se passe, dans les temps troublés par des crises financières et par de profondes divisions sociales et politiques, chez les masses et chez ceux qui les conduisent.

Nous n'avons point à faire valoir contre l'impôt sur le revenu partiellement établi d'objection absolue, pourvu qu'on ne prétende pas l'introduire pour des beautés particulières qu'on croirait lui reconnaître. Il n'y a pas de bel impôt, et celui-là paraît encore moins beau que beaucoup d'autres. Il peut y avoir lieu ici à résignation, non à enthousiasme. Lorsqu'on succombe sous la charge des autres taxes, lorsque le devoir patriotique commande impérieusement des sacrifices, il faut savoir virilement accepter celui-là. Notre bourgeoisie riche ne saurait, si cela devient nécessaire, faute de combinaisons fiscales préférables, se refuser peut-être à un impôt que, malgré des inconvénients connus, ont pris à leur charge les bourgeoisies élevées en Angleterre, en Amérique, en Suisse, dans l'Allemagne même. On peut ne pas admettre avec M. Léon Faucher que l'impôt partiel sur le revenu soit nécessairement progressif, et que ce soit « un écart de logique » de ne pas le rendre tel. Pour qu'un tel genre d'impôts soit accepté, il faut cette nécessité bien reconnue qui s'est presque toujours déclarée par des circonstances nées de la guerre. J'ajoute que, pour qu'il constitue un progrès, il faut qu'il soit, non pas un double emploi de taxes déjà existantes, mais une simplification, une réduction a un type supérieur et plus économique d'autres taxes que l'on supprime. Il est difficile de ne pas approuver en Bavière l'*einkommensteuer*, absorbant pour ainsi dire certaines contributions personnelles immobilières qui grevaient inégalement certaines parties du royaume (tel était notamment l'impôt personnel et mobilier établi suivant la loi française de l'an vu dans la Bavière rhénane, alors département du Mont-Tonnerre). Cette justification de l'impôt partiel sur le revenu ne saurait atténuer ici plus qu'ailleurs la condamnation portée sur l'impôt unique ou même seulement prépondérant qui multiplie les inconvénients de l'impôt partiel loin d'en multiplier les avantages. Il ne suffit pas d'inscrire partout en grosses lettres le mot de démocratie. Défions-nous de ces grands mots. On dit : c'est l'*idéal*. A merveille ; si cependant les conditions qui le rendraient applicable se réalisent de moins en moins, si elles sont telles que toute tentative de faire passer cet idéal dans les faits rendrait l'arbitraire croissant, la tyrannie odieuse, la ruine certaine, ne faudra-t-il pas avouer qu'un tel idéal n'est qu'un mirage ? Supposer la perfection dans la nature de l'homme et dans les choses humaines, n'est-ce pas entreprendre, au lieu d'une guerre sainte, comme on parait le croire, une lutte impie contre l'impossible ?

Section V

Mais voici des docteurs plus infaillibles que les autres, qui tiennent enfin la vérité. Ils sont bien corrigés des erreurs sur l'impôt unique du revenu ; ils le jugent encore plus sévèrement que nous. La théorie qu'ils proposent est, assurent-ils, fort exempte de ces défauts ; non-seulement ils l'assurent, ils le font croire. Il est certain que les défenseurs de l'impôt sur le capital, ont gagné du terrain dans le parti démocratique sur les partisans de l'impôt du revenu. Ainsi l'impôt sur le capital se pose non en auxiliaire de l'impôt du revenu, mais en rival, que disons-nous ? en ennemi. Outre toute sorte d'avantages qui lui sont propres, l'impôt sur le capital aurait d'abord le mérite d'être exempt de tous les défauts de l'impôt du revenu. Il serait fâcheux que ce fût la proposition inverse qui fût vraie. Comment ne pas remarquer d'abord que cette opposition entre les deux impôts, opposition qu'on prétend pousser jusqu'à l'incompatibilité, est démentie par les faits qui nous montrent les deux impôts presque partout côte à côte ? Que disent les partisans de cet impôt ? que la taxe sur l'avoir réalisé, sur le *net*, diffère profondément de celle qui s'établit sur le revenu aléatoire. Cette différence si décisive ne paraît pas avoir frappé les législateurs. On croirait qu'ils se sont dit qu'en fin de compte c'est toujours au revenu que vise l'impôt, et que la fixité du capital n'empêche pas l'incertitude des profits. Ils ont cru qu'il y avait dans ces impôts assez d'analogies pour les rapprocher, assez de différences toutefois pour les distinguer, et souvent ils les ont réunis pour en faire le complément ou le correctif l'un de l'autre au lieu d'en choisir un exclusivement. Le législateur s'est guidé uniquement par le désir de ne rien laisser échapper dans la matière imposable. Il a trouvé ici une base un peu plus certaine, là une base un peu plus étendue. Il a jugé également bon à taxer ce qui provenait de l'une et de l'autre manière d'asseoir l'impôt. Je ferai même observer qu'il semble l'avoir établi partout sur le capital avec une modération plus grande encore, ce qui n'indique pas une confiance illimitée dans la supériorité de cet impôt. Toujours il y a lieu de penser qu'il ne le croit tolérable que sous la réserve qu'il soit tout à fait minime. On a souvent cité l'exemple de la *taxe des gardes* à Genève. Eh bien ! cette taxe (ainsi nommée de ce qu'elle fut primitivement destinée à la solde des troupes du canton) frappe sur les valeurs de 5,000 à 50,000 francs dans la proportion de 1/2 pour 1,000, et sur les valeurs excédant le chiffre de 50,000 francs dans celle de 1 pour 1,000. Encore excepte-t-on des valeurs imposables les collections, les outils, les meubles meublants, etc. Qui ne voit qu'avec de pareils ménagements, impossibles à observer dans le système radical de l'impôt unique ou prépondérant sur le capital, une taxe échappe à la plupart des inconvénients qui la rendraient autrement insupportable ? Comment, avec un 1/2 pour 1,000 frappant sur une partie seulement de ce qui constitue le capital, s'attendrait-on à beaucoup de tromperies, de délations, de persécutions par suite ? On trouve, pour le plus grand nombre des taxes du même genre aux États-Unis, ces proportions modérées, et il en est ainsi le plus habituellement en Allemagne.

Et que penser d'une autre prétention des partisans de l'impôt sur le capital ? Ils invoquent en sa faveur l'avantage de la simplicité. Quelle prodigieuse illusion ! Qu'est-ce que ce mot de capital qui se prononce si vite et si aisément ? Qu'est-ce, sinon une expression abstraite qui couvre les différences les plus grandes ? On y place le capital foncier comme le capital mobilier et ses différentes espèces. Combien de diversités de nature ! Quelles inégalités de profit ! et pour tout dire, quel risque ne court-on pas de se laisser duper par une unité purement nominale !

Nous avons décliné la compétence du critérium démocratique pour juger ces questions. En acceptant néanmoins ce terrain de discussion, on peut voir si cette espèce particulière, tant préconisée, d'impôt unique est en rapport avec ces principes d'égalité devant l'impôt et de respect pour la liberté individuelle, que la démocratie est tenue de pratiquer.

Mettons en regard de l'égalité devant l'impôt le système de l'impôt unique sur le capital, que les congrès économiques votent de confiance au moins comme impôt d'avenir. Impôt d'avenir ! quelle expression ! Défions-nous des impôts d'avenir. Outre qu'il est peu sûr de prévoir l'avenir, j'ai toujours peur que cet impôt d'avenir qui a grande envie de devenir l'impôt du présent n'y réussisse trop, et ne s'ajoute plus ou moins aux impôts qu'il doit, dit-on, supplanter plus tard. Cet impôt d'avenir, faut-il le dire en toute franchise ? a bien l'air de présenter des défauts qui sont de tous les temps. Est-il donc apte à se plier aux conditions de l'égalité ? Cet impôt sur la richesse acquise, épargnée, sur le *net*, comme on le répète, cet impôt qui doit ménager la consommation, êtes-vous donc sûr que jamais le capitaliste ne sera en mesure, par l'état du marché, de le faire rembourser au consommateur ? A Florence, l'impôt sur le capital, par l'établissement duquel le parti démocratique signala son triomphe, affectait la prétention très périlleuse d'être un impôt sur le superflu, soumis à une taxe spéciale de 1/2 pour 100. Les modifications qui s'opérèrent fréquemment sous l'empire des changement politiques et de l'esprit démocratique dans la manière d'asseoir cette taxe prouvent peu en faveur de cette simplicité et de cette uniformité dont elle se prévaut. Les mêmes objets tantôt y figurent, tantôt en sont retranchés. Cet arbitraire était d'autant plus grand que la progression plus accusée rendait ces changements plus sensibles. Et quelle dure progression ! Combien éclate ici le lien habituel et logique qui unit l'impôt progressif à l'impôt sur le capital ! En 1442, dans la vue de tirer une contribution moyenne de 15 pour 100, on adoptait quatorze degrés de progression, depuis le taux de 4 pour 100 par an sur les revenus de 1 à 5 florins, le taux de 7 pour 100 de 50 à 100 florins, de 8 pour 100 entre 100 et 150 florins, de 10 pour 100 entre 150 et 200 florins, jusqu'à celui de 33 pour 100 sur les revenus supérieurs à 1,500 florins. Progression terrible et funeste impôt qui portèrent à la prospérité florentine une rude atteinte. Dira-t-on que l'art d'asseoir les. taxes a fait des progrès et qu'on n'admet en fait d'exemples que ceux qu'offrent les états modernes et en particulier l'Amérique du Nord ? On est frappé de voir à quel degré cet impôt-là même manque d'une base uniforme. Quelquefois il est assis sur tous les biens, à l'exception de cette partie du mobilier qui est indispensable à l'existence, et que les lois ont soustraite aux poursuites des créanciers ; ailleurs il ne frappe que sur les éléments les plus faciles à atteindre. On rencontre partout de telles diversités. Dans le Tennessee, les objets soumis à l'impôt sont la terre, les serviteurs (les esclaves avant la guerre de la sécession), les étalons et les voitures ; dans la Caroline du sud, ce sont les terres, les serviteurs et les fonds de commerce ; dans le Texas, on exemptera les fonds publics, locaux et étrangers, et l'argent qui ne rapporte point d'intérêt. C'est autre chose encore dans le Mississipi et la Virginie ; certains objets de luxe y sont seuls soumis à la taxe en tant qu'elle porte sur le mobilier. Les dettes ne sont pas toujours déduites de l'actif imposable. Quelquefois elles ne sont calculées que d'une manière incomplète. Il est vrai que dans d'autres états, dans ceux de New-York, d'Indiana, de Pensylvanie, de Maryland, de Massachusetts, de l'Ohio, de Kentucky, de l'Illinois, de la Californie, l'impôt pèse du même poids sur les diverses parties du capital. En revanche, dans le Mississipi, l'impôt, qui était, il y a quelques années, d'environ 2 1/2 pour 1,000 sur la valeur des terres et sur le capital des banques, s'élevait à 3 pour 1,000 sur l'argent prêté à intérêt et sur le prix des marchandises vendues ; à 1 pour 100 sur la valeur des voitures de luxe, des montres, horloges, chevaux, et à 2 pour 100 sur la vaisselle d'or et d'argent. Une pareille diversité est instructive ; elle fait voir combien un tel impôt rencontre de variétés d'interprétation. Comment par conséquent ne pas reconnaître que les mêmes difficultés théoriques. et pratiques se montreraient chez nous aussi ? Elles se représenteraient toutes les fois qu'il y aurait lieu à imposer les différentes sortes de capitaux. Telles valeurs risqueraient d'être surtaxées ; d'autres seraient systématiquement ménagées au contraire. On se heurterait à des questions de définitions. Les principes rivaux qui se disputent la politique et l'économie sociale trouveraient là comme un champ où ils entreraient en lutte. On serait de nouveau en présence de la question de savoir dans quelle proportion il convient de peser sur la terre et sur la richesse mobilière et d'une foule de difficultés relatives à l'assiette des impôts.

On a prétendu s'en tirer en faisant un pas de plus dans la simplicité : la taxe sera uniforme, dit-on, tous les capitaux paieront le même impôt. En vain telle nature de propriété est-elle plus lucrative ; en vain on prétendra que la terre rapporte moins que l'industrie manufacturière. En vain distingue-t-on les capitaux qui chôment et ceux qui travaillent ; la taxe sera légale. Un des écrivains qui ont soutenu avec le plus d'éclat la théorie de l'impôt unique sur le capital développe cette opinion. Il assure qu'il y aurait à cela de grands avantages ; par exemple, on rechercherait moins la terre. Est-on certain que ce serait un si grand bien ? On pousserait à l'esprit d'entreprise par l'appât des bénéfices élevés., le capital n'étant pas plus imposé dans un cas que dans l'autre. Je ne demande pas si cette égalité serait juste ; je demande si elle serait utile. Faut-il donc, sans tenir compte des raisons qui font rechercher les placements sûrs, allumer la fièvre des gros bénéfices, et l'esprit d'entreprise n'a-t-il pas ses limites ? Y a-t-il lieu d'encourager, en certains moments surtout, le goût, des affaires aléatoires ? Mais, avant tout, quelle idée se fait-on de la fonction de l'état ? Est-ce à lui de faire tendre tout le système d'impôt à forcer les directions du capital vers tel emploi plutôt que vers tel autre ?

L'abus de la méthode radicale a mené à une dernière conséquence. Sous prétexte de ménager le travail et le capital en formation, on exempte d'impôt le travail sous toutes les formes et le revenu du travail à tous les degrés tant qu'il n'y a pas un capital évaluable. Rien n'est moins fondé que cette exemption. Exempter les salariés qui gagnent 15 francs par jour et frapper sur les petits entrepreneurs qui n'en gagnent pas 5, c'est une idée peu en rapport avec la justice distributive. On atteindra le petit marchand besogneux qui, demain peut-être, sera contraint à la faillite, on n'imposera pas l'avocat, le médecin, l'artiste, qui gagnent 100,000 fr. par an. On frappera, dites-vous, leur mobilier, on frappera leurs épargnes ; mais comment établir que ces objets offrent une relation réelle avec leurs revenus, et quant à cet impôt sur l'épargne, tandis qu'il n'y en a pas sur la consommation, ne voit-on pas que c'est encourager les prodigues, les *bohèmes*, qui dépensent tout et qui auront la chance d'échapper à l'impôt ?

Si on recherche comment procède dans les états où il existe l'impôt partiel sur le capital, on y voit que tantôt on taxe et tantôt on exempte les collections et les objets d'art, sans qu'on puisse toujours s'expliquer un tel arbitraire. Ne pas les imposer avec la taxe unique, ce serait se priver d'une source nécessaire du revenu public. On a indiqué cette difficulté. Je ne sais si on en a mesuré toute l'étendue. On fera donc payer l'impôt à ce capital dormant. On le fera d'autant plus sûrement que dans ce système on le fait payer également aux capitaux qui chôment comme à ceux qui produisent, aux capitaux oisifs même malgré eux, aux usines qui ne fonctionnent pas, aux valeurs qui ne circulent pas. Le fisc s'érigera-t-il en juge du mérite intrinsèque des œuvres et de la valeur absolue qu'on peut leur supposer ? ou bien, chargé de taxer les mêmes objets, se conformera-t-il à leur changeante valeur et se réglera-t-il sur les évaluations capricieuses de la mode ? On s'est moqué des charges ; inutilement dispendieuses de l'ancien régime, des essayeurs de beurre salé et autres emplois bizarres. N'est-il pas à craindre qu'on fasse jouer au fisc un rôle aussi ridicule et qui n'aboutirait qu'à l'impuissance ?

Le résultat de ces difficultés, comme d'atteindre les clientèles, les offices, etc., d'une manière proportionnelle, est toujours le même : on se lance dans un système d'exemptions, de soulagements, de surtaxes des plus compliqués, des plus harsardeux, et presque inévitablement dans une application de l'impôt progressif qui cherche tant bien que mal à mettre en ligne ces différences, à avoir égard à tant de cas particuliers si difficiles à apprécier. La taxe sur le capital est progressive très souvent en Amérique et dans les autres pays où elle existe. Elle l'est à Hambourg, où ceux qui possèdent plus de 50,000 marcs y contribuent pour 4 2/3 pour 100 du revenu de ce capital. Les fortunes entre 500 et 50,000 marcs y sont réparties entre sept catégories payant des quotités variables depuis 1/2 jusqu'à 3 pour 100 de leur gain ou revenu. Au-dessous de 500 marcs, il y a exemption d'impôt. Je ne cite cet exemple que pour donner une idée des complications auxquelles on arriverait avec un tel impôt généralisé. La taxe elle-même varie, dans la pensée de tenir compte des diversités de revenu, de 4 à 6 pour 100. De même que chez nous pour la taxe locative, cette progression limitée ne peut-elle être combinée en vue d'atteindre une certaine proportionnalité au revenu dont elle ne conteste et ne prétend pas attaquer la base ? Toujours est-il que la progression, quelle qu'ait été l'intention du législateur, marche avec cet impôt, ce qui n'est pas sans conséquence pour nous. Il y a tel petit état qui à cet égard est rempli pour ainsi dire d'enseignements. Ainsi à Brème on a l'impôt progressif sur le capital, auquel est soumise toute fortune égale ou supérieure à 1,000 thalers, d'après un tant pour cent déterminé. Cette proportion est abaissée d'un tiers pour les fortunes de 1,000 à 3,000 thalers, comparativement à celles qui atteignent ou dépassent ce dernier chiffre ; le *schoss*, d'un quart pour 100, descend à un sixième pour 100 à l'égaré des fortunes de 1,000 à 3,000 thalers. Ne vous semble-t-il pas que tout cela s'enchaîne ? On marche tantôt au sacrifice injuste, effronté du riche, devenu le paria de l'impôt, comme c'était à Florence, tantôt, comme en Allemagne et ailleurs, à la recherche d'une certaine égalité par dès voies trop indirectes pour que cette égalité soit atteinte. On se lasse de répéter que s'en fier à un tel système, devenu le système général d'impôt, pour réaliser l'égalité, c'est, malgré l'apparence, créer des inégalités véritables.

L'impôt sur le capital, à mesure qu'il se rapproche de l'idéal de l'impôt unique, paraît moins que tout autre se prêter à ce ménagement pour la liberté individuelle que la démocratie n'a pas le droit de fouler aux pieds, sous peine de n'être plus que la démagogie. Toutes les fois qu'on citait les républiques anciennes, celles de l'Italie au moyen âge, l'exemple plus rapproché de 1793, pour prouver les excès possibles de la démocratie, on renvoyait dédaigneusement ces exemples dans le passé, et on invoquait le progrès. La commune de 1871 doit nous rendre moins pleins de mépris pour cette expérience du passé, puisqu'il paraît décidément que le monde a moins changé que nous ne le croyions. La dureté des procédés avec lesquels s'est comporté l'impôt sur le capital, toutes les fois que le parti démocratique a été le maître, est donc loin d'avoir perdu toute valeur d'enseignement pour nos contemporains. La démocratie athénienne a connu l'impôt progressif sur le capital. C'est du moins à peu près l'équivalent de cette taxe qu'on reconnaît dans l'*eisphora*. Les moyens d'application étaient inexorables. Les particuliers riches sur qui il pesait faisaient eux-mêmes les déclarations soumises au contrôle. Je ne rappellerai pas ce qu'il y avait de dur dans les mesures connues sous les noms d'antidosis et d'apophansis ; mais quelle disposition que celle qui transférait, quand la révélation était justifiée, au dénonciateur les trois quarts de la fortune qu'il avait fait connaître ! Aujourd'hui on parle de laisser à l'état un droit de préemption en cas de déclaration fausse. Faut-il tenir pour incorruptibles et pour infaillibles les fonctionnaires qui seraient chargés d'appliquer un système si inquiétant à la France entière ? Est-on sûr que la démocratie sera toujours trop scrupuleuse pour assigner une récompense au dénonciateur ou à l'agent qui aurait découvert la fraude ? Laissons les exemples antiques, Corinthe, où les fausses déclarations étaient punies de mort, Rome, où, en vertu de l'institution du *cens* établie par Servius Tullius, les citoyens qui ne s'y soumettaient pas voyaient leurs biens confisqués, étaient battus de verges et vendus à l'encan comme esclaves, et où les fausses déclarations étaient punies comme à Corinthe. Non, nous n'avons plus à craindre ni verges, ni encan, ni esclavage ; mais la confiscation et la mort sont-elles aussi passées de mode ? Peut-être accordera-t-on que l'analogie serait un peu moins éloignée avec la république florentine. Il est très vrai que les riches, soit nobles, soit marchands, y fraudèrent l'impôt établi sur le capital tant qu'ils purent ; mais comment mettre d'accord avec la liberté républicaine un tel excès de surveillance et de terreur, la dénonciation, régulièrement organisée, des boîtes établies aux portes des quatre principales églises, et ouvertes la nuit comme le jour, pour recevoir les dépositions des délateurs, des peines terribles, pour les cas de non-paiement de l'impôt, inscrites dans les statuts, le défaut de déclaration ou la fraude entraînant la confiscation de la moitié des biens ? Les nouveaux défenseurs de l'impôt sur le capital, qui lui attribuent toutes les supériorités par rapport à l'impôt sur le revenu, avoueront que ce système de pénalités n'était pas moins affreux que ce qu'on avait établi pour l'impôt du revenu nommé *estimo* qui avait précédé d'un siècle et demi l'impôt sur le capital. Avec l'*estimo*, l'inscription du retardataire sur le registre comprenant la liste des débiteurs de l'état entraînait la privation des droits politiques et de divers droits civils, la vente et au besoin la dévastation officielle des propriétés, la solidarité des fermiers, acquéreurs, parents, etc.

De grands peuples libres ont adopté partiellement ou dans de petits états les impôts sur le revenu et le capital. On ne trouve rien là qui se ressente d'un système préconçu sur l'impôt, ni d'une théorie radicale en politique. Les Américains, les Anglais, les Hollandais, les Allemands eux-mêmes au moins en ces matières, ne font pas de scolastique. Ils n'ont pas la prétention d'appliquer les mathématiques et la logique pure aux choses humaines. Il n'y a pas chez eux un parti toujours prêt à tirer les conséquences extrêmes de prémisses qui, poussées un peu loin, deviendraient menaçantes pour ceux, qui possèdent. L'établissement de catégories, l'emploi même, d'ailleurs très modéré, de la progression, n'y présentent pas de dangers immédiatement appréciables. Une autre remarque achève d'établir la différence des situations. L'esprit de localité, si puissant aux États-Unis, et encore aujourd'hui en Allemagne, maintient ces taxes dans une sphère indépendante d'un pouvoir absolu ou d'une dictature de hasard. La grande variété des formes qu'elles y revêtent selon la diversité des populations et des circonstances contribue à les défendre contre une uniformité tyrannique. C'est le mal dont nous sommes en France constamment menacés. Je ne veux pas jeter l'alarme ; mais je suis convaincu que tout faux principe introduit en cette matière aurait bientôt causé de véritables ravages. Où s'arrêteraient-ils ? Ne peut-on réformer à propos, ici comme ailleurs, en s'inspirant de principes d'un mérite éprouvé au lieu de recourir à des principes peu sûrs qui sont le contre-pied des maximes sur lesquelles repose tout notre droit moderne ? J'ajouterai enfin une observation qui s'applique spécialement à l'impôt. En faire un instrument de la guerre des classes serait absurde. Les classes se croient divisées en France, et elles ne le sont que par les sentiments qu'on développe dans la population ouvrière. Je ne sache au fond aucun pays où elles se rapprochent autant, où les fortunes soient plus égales et les intérêts plus confondus. Ce ne sont pas les riches qui feraient seulement les frais de ces tentatives systématiques, ce sont les masses.

ISBN : 978-1983644474

www.ingramcontent.com/pod-product-compliance
Lightning Source LLC
Chambersburg PA
CBHW070926220526
45468CB00005B/1675